Meine ersten fünf Lebensjahre

Fotografien

ANNE GEDDES

COLLECTION ROLF HEYNE

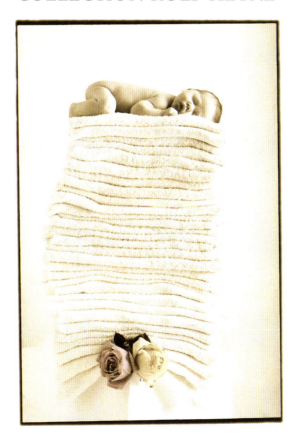

COLLECTION
ROLF HEYNE

Titel der Originalausgabe:
MY FIRST FIVE YEARS
A Record of Early Childhood

www.annegeddes.com

17. Auflage 2004

Die Originalausgabe erschien 1994 bei Hodder Moa Beckett Publishers Limited
(a member of the Hodder Headline Group) Auckland, New Zealand
Copyright © 1994 by Anne Geddes
Copyright © 1997 der deutschen Ausgabe
by Wilhelm Heyne Verlag GmbH & Co. KG, München
Copyright © dieser Ausgabe by Collection Rolf Heyne GmbH & Co. KG, München
Buchgestaltung: Jane Seabrook
Produced by Kel Geddes
Reproduction: MH Imaging
Artwork: Bazz 'n' Else
Umschlaggestaltung der deutschen Ausgabe:
ART & DESIGN HÄRTL, München
Satz: Leingärtner, Nabburg
Printed in Singapore by Tien Wah Press

ISBN 3-89910-163-4

ANNE GEDDES

Anne Geddes, Fotografin, geboren in Australien und heute in Auckland, Neusee-
land zu Hause, hat mit ihren einzigartigen Fotografien von Kindern weltweit die
Herzen der Menschen erobert.

Ihre Bilder werden nicht nur gerne für Werbezwecke verwendet, sondern ihre
außergewöhnlichen Fotografien haben auch weltweit Bewunderung gefunden und viele
Preise gewonnen.

Viele der unverwechselbaren und unvergeßlichen Fotografien von Anne Geddes sind inter-
national veröffentlicht worden, u.a. in der berühmten amerikanischen Zeitschrift »Life«, in
Deutschland in den Zeitschriften »Tempo«, »Marie Claire« und »Bunte« und in England
im »London Sunday Mirror« und im »Sunday Magazine«, um nur ein paar zu nennen.

Die Arbeiten von Anne Geddes reflektieren ihre Freude an Kindern, die die Zukunft dieses
Planeten gestalten werden. Sie sagt: »Die Fähigkeit, die Unschuld, das Vertrauen und das
Glück, die der nächsten Generation eigen sind, auf Film bannen zu können, ist eine Auf-
gabe, die es in sich hat. Es ist eine Arbeit, die mich täglich mit Befriedigung erfüllt.«

Eine weitere große Herausforderung
im Leben von Anne Geddes ist das
Ziel, daß das Fotografieren von
Kindern als eine spezielle Kunst
unter vielen anderen Sonderge-
bieten der Fotografie akzeptiert
wird.

Anne Geddes ist mit ihrem
Freund und Geschäftspart-
ner Kel Geddes verheiratet.
Sie haben zwei Kinder.

Inhalt

Meine Geburt
Seite 6

Andenken
Seite 8

Zeitungsartikel
Seite 9

Meine Eltern
Seite 12

Glückwünsche
Seite 13

Besucher und Geschenke
Seite 14

Sternzeichen
Seite 15

Namensgebung
Seite 16

Mein Stammbaum
Seite 18

Drei Monate
Seite 20

Sechs Monate
Seite 22

Neun Monate
Seite 24

Meilensteine
Seite 26

Essen
Seite 28

Mein erstes Weihnachten
Seite 30

Meine ersten Ferien
Seite 32

Mein erster Geburtstag
Seite 34

Kleidung
Seite 38

Vorlieben
Seite 40

Meine Freunde
Seite 42

Mein zweiter Geburtstag
Seite 44

Mein dritter Geburtstag
Seite 48

Kindergarten
Seite 52

Mein vierter Geburtstag
Seite 54

Mein fünfter Geburtstag
Seite 58

Schule
Seite 62

Zeichnungen
Seite 64

Schreiben
Seite 66

Gesundheit
Seite 68

Meine Größe
Seite 70

Meine Gewicht
Seite 71

Meine Zähne
Seite 72

Milchzähne adel
Seite 73

Meine Handabdrücke
Seite 74

Meine Fußabdrücke
Seite 75

Sternzeichen
Seite 76

Glückssteine
Seite 77

Blumen
Seite 77

Meine Geburt

Ich heiße

Ich wurde am _____

in _____

um _____ geboren.

Entbunden wurde ich von _____

_____

Ich wog _____

und maß

_____

Meine Augen waren _____

Meine Haare waren _____

Andenken

Meine Geburtsanzeige

Eine Haarlocke

Mein Namensschild

in der Klinik

Zeitungsartikel

Was auf der Welt geschah

Fotografien

Meine Eltern

Meine Mutter

_____

_____

_____

Mein Vater

_____

_____

_____

Glückwünsche

Familie

_____

_____

_____

_____

_____

_____

Freunde

_____

_____

_____

_____

_____

Besucher und Geschenke

Sternzeichen

Mein Sternzeichen _____

_____

Im Chinesischen Horoskop _____

_____

Glücksstein _____

_____

Blumen _____

_____

Namensgebung

Offiziell heiße ich _____

Mein Name wurde gewählt von _____

_____

weil _____

Meine Kosenamen sind _____

Ich wurde getauft am

in _____

Sonstiges _____

_____

Fotografien

Mein Stamm-baum

Großvater

(Fotografie)

Großvater

(Fotografie)

Großmutter

(Fotografie)

Großmutter

(Fotografie)

Mutter

(Fotografie)

Vater

(Fotografie)

Baby

(Fotografie)

Ich ähnele _____

_____

Fotografien

Brüder
und Schwestern

Drei Monate

Gewicht _____

Größe _____

Sonstiges

_____

_____

_____

_____

Fotografien

Sechs Monate

Gewicht ———————— Größe ————————

Sonstiges ————————————————

————————————————————

————————————————————

————————————————————

————————————————————

Fotografien

Neun Monate

Gewicht _____

Größe _____

Sonstiges _____

_____

_____

_____

_____

_____

_____

_____

Fotografien

Meilensteine

Das erste Mal lächelte ich

am _____

lachte ich _____

griff ich nach einem

Spielzeug _____

schlief ich nachts durch _____

hob ich mein

Köpfchen _____

rollte ich mich auf die

andere Seite _____

setzte ich mich

aufrecht hin _____

Das erste Mal krabbelte
ich am _____

stand ich _____ lief ich _____

Meinen ersten
Zahn bekam
ich

_____

_____

Mein erstes Wort
war _____

Sonstiges _____

_____

Essen

Meine erste feste Nahrung _____

Entwöhnt wurde ich _____

Erstmals trank ich aus einer Tasse _____

aß ich mit den Fingern _____

aß ich selbständig _____

Ich mag _____

_____

_____

_____

_____

_____

Was ich nicht mag _____

_____

_____

_____

_____

Mein erstes Weihnachten

feierte ich am _____

mit _____

_____

_____

_____

Meine Geschenke

_____

_____

_____

Fotografien

Meine ersten Ferien

verbrachte ich in _____

am _____

Das Wetter war _____

Mit dabei waren _____

_____

_____

Sonstiges

_____

_____

_____

Fotografien

Mein erster Geburtstag

Ich lebe in _____

_____

Meine Größe _____

Mein Gewicht _____

Lautäußerungen _____

_____

Spielzeug _____

Mein Tier _____

Bücher _____

_____

Meine Geburtstagsparty

fand statt am _____

in _____

Diese Freunde und
Verwandten waren da

_____

_____

Meine Geschenke

_____

_____

Fotografien

Kleidung

Das erste Mal zog ich mich allein an _____

Ich trug _____

Am liebsten verkleide ich mich als

_____

_____

Nicht gerne trage ich

_____

_____

Sonstiges _____

_____

Fotografien

Vorlieben

Musik _____

_____

_____

_____

Reime _____

_____

Kleidung _____

_____

Mein Tier _____

_____

_____

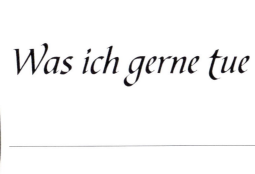

Was ich gerne tue _____

_____

_____

Fernsehprogramme _____

_____

_____

Was ich überhaupt nicht mag _____

_____

_____

Meine Freunde

Mit einem Jahr

Fotografie

Mit zwei Jahren

Fotografie

Sonstiges _____

_____

_____

_____

Mit drei Jahren

Fotografie

Sonstiges —————

_____

_____

Mit vier Jahren
Fotografie

Mit fünf Jahren
Fotografie

_____

_____

_____

Mein zweiter Geburtstag

Ich lebe in _____

Meine Größe _____ Mein Gewicht _____

Meine Worte bisher _____

_____

Spielzeuge _____

_____

Mein Tier _____

_____

Bücher _____

_____

Meine
Geburtstagsparty

fand statt am _____

in _____

Diese Freunde und
Verwandten waren da

_____

_____

_____

Meine Geschenke _____

_____

_____

Fotografien

Mein dritter Geburtstag

Ich lebe in _____

Meine Größe _____ Mein Gewicht _____

Meine Worte _____

_____

Spielzeuge _____

Mein Tier _____

Bücher _____

_____

_____

Meine Geburtstagsparty

fand statt am _____

in _____

Diese
Freunde und
Verwandten
waren da

_____

_____

_____

Meine Geschenke _____

_____

Fotografien

Kindergarten

Mein erster Tag war der _____

im _____

Meine Freunde / Freundinnen dort

_____

_____

Sonstiges _____

_____

_____

_____

Fotografien

Mein
vierter Geburtstag

Ich lebe in _____

_____

Meine Größe _____

Mein Gewicht _____

Was ich so sage _____

_____

_____

Spielzeuge _____

Mein Tier _____

Bücher _____

Meine Geburtstagsparty

fand statt am _____

in _____

Diese Freunde
und Verwandten
waren da

_____

_____

_____

Meine Geschenke _____

_____

_____

Fotografien

Mein
fünfter Geburtstag

Ich lebe in _____

Meine Größe _____ Mein Gewicht _____

Was ich so sage _____

Spielzeug

_____

Mein Tier

_____

Bücher _____

_____

_____

Meine Geburts-tagsparty

fand statt am _____

in _____

Diese Freunde und
Verwandten waren da

_____

_____

Meine Geschenke _____

_____

_____

_____

Fotografien

Schule

Mein erster Schultag war _____

_____ in der _____

Mein/e Lehrer/in _____

Sonstiges _____

A _____

_____

B _____

_____

C D E F

Fotografien

Zeichnungen

K L M N

O*h no!*   P   Q   R

Schreiben

Das Alphabet konnte ich mit _____

_____

Zu schreiben begann ich _____

Lesen konnte ich _____

So schreibe ich _____

_____

_____

_____

Gesundheit

Impfungen

Alter	Impfung	Datum

Allergien

_____

_____

_____

Krankheiten _____

_____

_____

Sonstiges _____

_____

_____

_____

Meine Größe

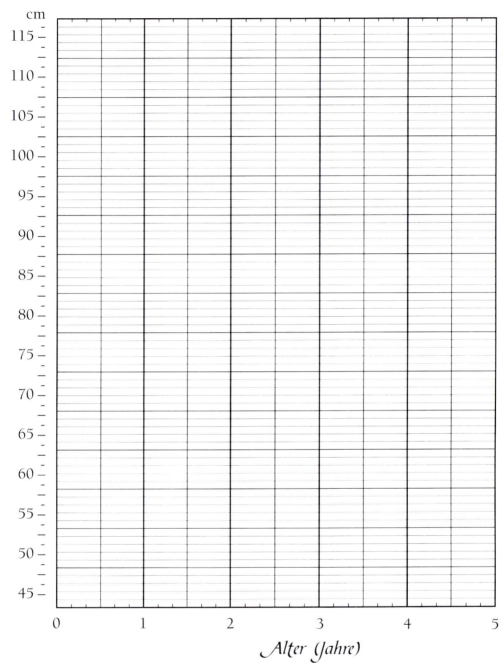

cm

Alter (Jahre)

Mein Gewicht

Pfund

55

50

45

40

35

30

25

20

15

10

5

0 1 2 3 4 5

Alter (Jahre)

Meine Zähne

Oberkiefer

Datum

8
9
16
13
24

Monate

Datum

24
13
16
10
7

Unterkiefer

Zahnarztbesuche

Milchzähne ade!

Meinen ersten Zahn verlor ich am _____

Meinen zweiten Zahn am _____

Den letzten Milchzahn am _____

_____

Sonstiges _____

_____

_____

_____

_____

Meine Handabdrücke

Bei der Geburt

Mit fünf Jahren

Meine Fußabdrücke

Bei der Geburt

Mit fünf Jahren

Sternzeichen

Steinbock

22. Dezember – 20. Januar

Einfallsreich, selbständig, verantwortungsbewußt

Wassermann

21. Januar – 19. Februar

Aufopfernd, sehr emotional, aber kühl wirkend

Fische

20. Februar – 20. März

Phantasievoll, sympathisch, tolerant

Widder

21. März – 20. April

Unerschrocken, mutig, energisch, loyal

Stier

21. April – 20. Mai

Sensibel, friedliebend, künstlerisch

Zwillinge

21. Mai – 21. Juni

Sprunghaft, lebendig, charmant, witzig

Krebs

22. Juni – 22. Juli

Ehrlich und anlehnungsbedürftig

Löwe

23. Juli – 23. August

Idealistisch, romantisch, ehrenhaft, loyal

Jungfrau

24. August – 23. September

Schüchtern, sensibel, schätzt Wissen

Waage

24. September – 23. Oktober

Diplomatisch, charmant, stilsicher

Skorpion

24. Oktober – 22. November

Mitfühlend, stolz, entschlossen

Schütze

23. November – 21. Dezember

Unerschrocken, impulsiv, abenteuerlustig

Glückssteine

Januar	Granat - Beständigkeit und Wahrheit
Februar	Amethyst - Aufrichtigkeit, Bescheidenheit
März	Aquamarin - Mut und Energie
April	Diamant - Unschuld, Erfolg
Mai	Smaragd - Ruhe
Juni	Perle - Kostbarkeit, Ursprünglichkeit
Juli	Rubin - Sorgenfreiheit, Reinheit
August	Mondstein - Freude
September	Saphir - Hoffnung, Reinheit
Oktober	Opal - Spiegelt alle Stimmungen wider
November	Topas - Treue, Loyalität
Dezember	Türkis - Liebe und Erfolg

Blumen

Januar	Schneeglöcken – rein und sanft
Februar	Nelke – mutig und unterschrocken
März	Veilchen – bescheiden
April	Lilie – kraftvoll
Mai	Hagedorn – leuchtend und hoffnungsvoll
Juni	Rose – schön
Juli	Gänseblümchen – staunend und unschuldig
August	Mohn – friedlich
September	Winde – leicht zufriedenzustellen
Oktober	Kosmee – ehrgeizig
November	Chrysantheme – frech und fröhlich
Dezember	Stechpalme – weitsichtig

Sonstiges

Fotografien

Sonstiges

_____

_____

_____

_____

_____

_____

_____

_____

Fotografien